**Género** **Ficción**

I0799610

**Pregunta esencial**

**¿Qué nos gusta de la naturaleza?**

# Pequeñas vidas

Sebastián Olaso
ilustrado por Mariano Gil

## Capítulo 1

# El paseo por el bosque

Mi nombre es Amy. Cerca de casa hay un bosque de pinos muy hermoso. A mi amigo Javier y a mí nos gusta mucho ese lugar. Mis padres son amigos de los padres de Javier. Javier y yo vamos a la misma clase en la escuela.

Casi todos los meses, las dos familias salimos a pasear juntas. Y aquel día fuimos los seis a pasear por el bosque.

Yo iba montada sobre los hombros de papá. Javier hacía de cuenta que mi papá era un caballo. Me preguntaba si mi caballo comía mucho pasto, si corría rápido, si dormía en un establo. Estábamos todos muy divertidos.

En un momento nos dimos cuenta de que estábamos llegando al otro extremo del bosque. La mamá de Javier dijo que sería una linda idea ver cómo era el paisaje de aquel lado. Mamá dijo que alguna vez había estado por allí cuando era niña. Recordaba haber visto una pequeña laguna. Javier y yo nos sorprendimos y nos alegramos. ¿Una laguna al otro lado del bosque? ¡Qué bueno que sería conocerla!

Cuando llegamos a la laguna, los ojos no nos alcanzaban para ver tanta belleza. El paisaje era muy distinto al de la ciudad. El agua era clara como el cristal. Había lugares con arena como las playas que dan al mar. Veíamos muchos patos. Desde allí se oía el canto de los pájaros y el murmullo del viento entre las ramas de los pinos del bosque.

Caminamos por la orilla de la laguna un rato. Ahora Javier también iba montado sobre los hombros de su papá. En un momento, mamá recordó que unos días antes, mientras hacíamos una tarea para la clase de ciencias, Javier y yo habíamos quedado maravillados al descubrir cuánta vida hay en una gota de agua.

—Niños, ahora podemos hacer algo divertido. Seguiremos descubriendo la belleza de la naturaleza —dijo la mamá de Javier.

—Amy, Javier: Quédense siempre cerca de nosotros y sean prudentes —dijo papá.

## Capítulo 2

# La orilla de la laguna

Mamá nos dijo que podríamos armar castillos de arena. A Javier y a mí nos gustó mucho la idea y aceptamos de inmediato. Nos alejamos unos metros del agua. Entre los seis, intentamos armar un castillo pequeño. Era muy lindo estar en una laguna. Aquí había mucha arena. Los lagos, en cambio, no suelen tener arena. Pero el viento se llevaba toda la arena que reuníamos.

—Es que la arena está muy seca aquí —dijo mamá.

—Es cierto —dijo la mamá de Javier—. ¿Esto les recuerda algo de la tarea de ciencias, niños?

—Sí —dijo Javier—. En los lugares secos tampoco hay vida. ¿Verdad, Amy?

Asentí con la cabeza, pensando en cómo algo tan simple como el agua podía ser tan poderoso.

—¿Qué pasaría entonces si nos acercáramos más al agua? —dijo papá.

Javier y yo dijimos a la vez:

—¡Veríamos más vida!

Y era cierto. En el lugar donde estábamos, solo había algunas plantas acuáticas secas. Seguramente se habían alejado del agua por la fuerza del viento.

Los pocos insectos que veíamos caminaban rápidamente hacia el agua o hacia el bosque. Nos acercamos un poco más a la orilla. Vimos algas frescas, patos jugando divertidos sobre el agua cristalina, peces de colores, plantas flotantes, pájaros que iban y venían. El verdor del bosque se veía con nitidez. Todo ese paisaje era tan hermoso, que no nos cansábamos de mirar, de disfrutar y de reír.

Papá dijo:

—La arena es muy bella, pero no tiene los nutrientes necesarios para la vida.

—Así es —dijo la mamá de Javier—. Las plantas crecen en la tierra, pero no crecen en la arena.

—Y los nutrientes se desarrollan en lugares húmedos —dijo el papá de Javier.

—Por eso el agua es tan importante para la vida —dijo mamá.

—¡Y el agua también es importante para la belleza de la naturaleza! —dijo Javier.

—¡El agua es magnífica! —dije yo.

## Capítulo 3

# Siempre el agua

Seguimos jugando, mirando, disfrutando y aprendiendo un largo rato más.

Nuestros padres nos mostraban esos seres pequeños que están por todos lados: insectos, matas, algas, pececillos, roedores y reptiles que tienen su hábitat en la naturaleza.

Nuestros padres nos hablaban también de esos seres que son tan pequeños que no pueden ser vistos por nuestros ojos.

—Hay muchas pequeñas vidas —dijo la mamá de Javier—. Están allí y nos ayudan a vivir aunque no podamos verlas.

—Este paseo es casi una clase de ciencias —dijo mamá, y todos nos reímos.

En un momento, Javier dijo que tenía un poco de frío.

Nos dimos cuenta de que el cielo se estaba nublando y había un poco de viento.

—Parece que el hermoso paseo que hicimos esta tarde ya se está terminando —dijo papá.

—¡Qué lástima! —dijimos los seis.

| **Detective del lenguaje** | **El verbo subrayado en esta página, ¿está conjugado en tiempo presente o pretérito?** |
| --- | --- |

De repente, comenzó a caer una tenue llovizna.

El papá de Javier vio un tejado cerca de donde estábamos. ¡Era una cafetería con vista al bosque y a la laguna!

Corrimos hacia la cafetería, entramos y pedimos bebidas calientes.

Mirábamos la lluvia por la ventana. Nuestros padres lamentaron nuevamente que el paseo se hubiera terminado.

Yo también estaba un poco triste. Me hubiera gustado seguir disfrutando de la laguna y de las pequeñas vidas que hay allí afuera.

—¡Pero la lluvia es buena y necesaria! —exclamó Javier.

Entonces me di cuenta de que el agua traería más vida al bosque. Ahora los pinos podrían conseguir más y mejores nutrientes. Los pájaros podrían beber agua fresca. Y las flores crecerían con colores más vivos.

—Es cierto, niños —dijo mamá con una sonrisa—. Me pone muy feliz que ustedes hayan aprendido a disfrutar de la naturaleza, incluso cuando llueve.

—¡A nosotros también nos hace felices! —dijimos Javier y yo.

Cerré los ojos un momento. Dejé que el canto de la lluvia me llenara de paz y de vida.

**Detective del lenguaje** **El punto en la oración subrayada, ¿es un punto y aparte o un punto final?**

# Respuesta a la lectura

## Resumir

Usa detalles importantes del cuento para resumir *Pequeñas vidas*.

Pista
↓
Pista
↓
Pista
↓
Tema

## Evidencia en el texto

1. ¿Cómo sabes que *Pequeñas vidas* es un cuento de ficción? **GÉNERO**

2. En la página 8, ¿qué aprenden Amy y Javier sobre el agua? **TEMA**

3. Encuentra el símil en la página 3. ¿Qué cosa es clara como el cristal? **LENGUAJE FIGURADO**

4. Escribe sobre la importancia del agua. **ESCRIBIR SOBRE LA LECTURA**

Género Poesía

## Compara los textos

Lee una oda a un pino.

# El pino

Sebastián Olaso

Me gusta la sombra, la sombra del pino,
el triángulo verde que ofrece.
Y ese magnífico sonido, sonido de trinos
que deja el viento cuando en sus ramas se mece.

Los pájaros llegan, llegan cantando
y felices construyen sus nidos.
En el pino se quedan, se quedan soñando
y desde el pino se van muy unidos.

Yo sonrío al ver, al ver cómo un pino
puede ser una casa muy bella.
Lo disfruto y también, también imagino
que en su extremo es feliz una estrella.

Cada día el sol, el sol le regala
un dulce aroma y un brillo natural.
Y la noche lo viste, lo viste de gala
con gotas de rocío y un silencio especial.

## Haz conexiones

¿Qué le gusta de la naturaleza a la niña del poema? **PREGUNTA ESENCIAL**

¿Qué tienen en común *El pino* y los personajes de *Pequeñas vidas*? **EL TEXTO Y OTROS TEXTOS**

Enfoque:

# Elementos literarios

**Repetición** Repetición significa repetir un sonido, una palabra o una frase en un poema. Los poetas usan la repetición para hacer que un poema suene más interesante. La repetición también ayuda a crear un ritmo.

**Lee y descubre** En el primer verso del poema *El pino*, se repite la palabra *sombra*. Busca otras repeticiones en el poema y descubre el ritmo cuando lo leas en voz alta.

## Tu turno

Escribe tu propio poema corto sobre algo que te guste de la naturaleza. Usa repeticiones en al menos dos formas empleando un sonido, una palabra, una frase o una oración. Puedes ilustrar tu poema si quieres. Compártelo en clase.